Hans Bouma

Meine guten Wünsche für dich

Für ganz besondere Menschen

*Wir wünschen Dir alles Gute
Herzliche Grüße von
Werner u. Rosi*

SKV-EDITION

Was ich dir wünsche – das Lächeln eines Kindes. Strahlen von Licht, die dich nur so treffen. Ein Augenzwinkern der Sonne. Liebkosungen des Windes. Und so vieles mehr. Die Gastfreundlichkeit eines Baumes. Einen Schwarm von Vögeln, hoch und geheimnisvoll über dir. Den Geruch von Lavendel. Einen Traum, der sich wie eine Blume entfaltet.

Was ich dir wünsche – Worte, die singen. Worte des Brotes. Freundschaftsbekundungen. Liebesbeweise. Einen Menschen, der sehr innig dein Mensch ist.

So viel Zeit, die verfliegt; so viele Tage, die sich verwischen. Ach, ein Mensch ist ein Mensch; was hättest du erwartet? Aber ab und zu gibt es Zeit, die du teilst; gibt es Tage mit dir. Ab und zu – du, Zeitgenosse; du, Hausgenosse. Zeit, die im Gedächtnis haftet, Tage, unantastbar.

Ab und zu gibt es Zeit voller Ewigkeit. Mensch bist du doch, Mensch oder nicht.

Glück – es ist nicht käuflich. Und es ist auch nicht die Folge eigener Leistungen. Du kannst mit Erfolg etwas unternehmen und das kann dir viel Befriedigung gewähren. Aber Befriedigung ist noch kein Glück.

Was deiner Existenz Glanz und Tiefgang verleiht, was dir eine Glücksempfindung bereitet – immer wieder ist es eine Überraschung, ein Geschenk. Es geschieht dir. Es wird dir nur so zuteil.

Glück. Du brauchst nur dafür aufgeschlossen zu sein. Das wünsche ich dir dann auch: dass du empfänglich bist. Empfänglich für die Zugaben des Lebens, das dir sehr wohl gesinnt ist.

Wissen, worin deine Kraft liegt. Nicht in Gewalt, sondern in Zärtlichkeit. Nicht in Hass, sondern in Liebe. Zu etwas Großem bist du fähig. Du hast das Talent, Mensch zu sein, auf herzerfrischende Weise Mensch.

Begrabe dieses Talent nicht. Dann begräbst du dich selbst. Sprich die Sprache, die eine Wohltat ist. Worte, die zünden; Worte, die Hoffnungen machen. Dazu bist du imstande. Schau dir deine Hände an. Wie mitteilsam sie sein können, wie heilend, wie befreiend. Unverkennbar *deine* Hände.

Feiere nur, dass du da bist. Wie groß ist deine Bedeutung! Dieser andere – einen Menschen darf er in dir finden, einen höchst wertvollen Menschen.

Landschaft, vom Wind gestreichelt. Vom Regen gelabt. Von der Sonne geküsst.

Landschaft, mit Zärtlichkeit überhäuft. Körper, Erde, in voller Blüte.

Wie auch *Menschen* in voller Blüte stehen können. So wenig ist schon genug.

Ein paar Worte, ein Blick, eine Hand. Ein Mensch, der Mensch ist.

So lieb, so lieb bist du mir – wegen des Verborgenen; wegen dessen, was unsichtbar ist. Wegen der Innenseite deines Namens, wegen des Hintergrunds deines Gesichtes. Wegen deines Atems, wegen des Inneren deines Herzens. Du – Mysterium, das ich respektiere. Mysterium, das hörbar, sichtbar ein Mysterium bleiben muss.

Nüchtern bleiben. Nicht emotional werden. Vernunft annehmen. Es kann nützlich und auch sehr erwünscht sein. Es ist durchaus hilfreich für eine bestimmte Art Klarheit. Emotionen können einen sehr verwirrenden Einfluss haben.

Aber es kann auch erforderlich sein, diese Emotionen ungehemmt zu zeigen. Du hast sie nicht umsonst; diese Emotionen bilden einen elementaren Bestandteil deiner menschlichen Ausrüstung. Deine Vernunft ist eine vortreffliche Eigenschaft, aber der Ozean, die Welt deiner Emotionen, ist ganz gewiss ebenso wertvoll.

In deinen Emotionen, in dem, was du spontan fühlst, drückst du dich selbst deutlich aus. Diese Emotionen nützen wieder einer *anderen* Art Klarheit. Dein wahres Gesicht zeichnet sich darin ab. Wer wirklich nüchtern ist, wer Vernunft annimmt, ist ab und zu unverkennbar emotional.

Jahrelang hatte sie versucht, bestimmte Erwartungen zu erfüllen. Hatte sie immer wieder diese Rolle gespielt. Eine Rolle, die sie von sich aus nie gewählt hätte. Aber sie wollte andere Menschen nicht enttäuschen. Sie wollte akzeptiert werden, koste es, was es wolle.

Bis sie für sich selbst nicht mehr akzeptabel war. Sie funktionierte zwar ausgezeichnet, aber ihre Identität wurde immer vager. Was bedeutete sie noch? Wenn sie sich selbst im Spiegel anschaute, erschrak sie. Wer war diese Frau? Sie ist aus der Rolle gefallen. Unsicherheit, Verwirrung. Vorwürfe. So kannte man sie nicht. Sie hat sich eine neue Freiheit erkämpft. Die Freiheit, ihren eigenen Weg zu gehen. Ihr wahres Gesicht zu zeigen.

Das Höchste. Das Tiefste. Das Menschlichste. Wenn du liebst – wenn du diesen anderen Menschen mit Licht umgibst, wenn du ihn auf Händen trägst, wenn er in deinem Herzen wohnt, dann bist du am heftigsten, am besten, am schönsten.

Du, der du diesen anderen Menschen so aufblühen lässt, wie prachtvoll stehst du selbst in Blüte! O du, mitten im Leben kostest du die Ewigkeit.

Vieles hast du gesehen, vieles hast du gehört. Du machst schon so lange mit. Dennoch aufmerksam bleiben. Dich nicht abwenden. Nach wie vor für neue Erfahrungen aufgeschlossen sein.

Lerne von den Blumen. Wie sie im Licht aufgehen, an den Wind glauben, an den Regen glauben. Wie sie sich von der Sonne küssen lassen, ihre Existenz feiern. Wie sie blühen, was es zu blühen gibt.

Lerne von den Blumen. Wie viel du auch gelebt haben magst, jeden Tag hast du wieder ein Leben *vor* dir.

Der steht dir doch zu: ein Ort, an dem du dich dann und wann zurückziehen kannst. Ein Ort, an dem du unumwunden zu dir selbst finden kannst.

So vieles kann dich in Anspruch nehmen. Immer wieder bist du unterwegs. Aber dabei darfst du dich selbst nicht verlieren. Dafür bist du zu schön, zu wertvoll. Lebe. Lebe so intensiv und mitteilsam, wie du nur kannst. Aber lebe nicht an dir selbst vorbei.

Ab und zu den Weg zurückgehen. Im Hause deiner Identität zu Atem kommen. Mit fester Hand schließt du eine Tür. Die du mit ebenso fester Hand später wieder öffnest.

*N*icht andauernd stillstehen. Wie weit du auch sein magst, dein Weg geht noch viel weiter. Wie reich du auch ausgestattet bist, du bist noch nicht voll*endet*. Anders bist du. *Noch* großartiger, *noch* menschlicher. Gegenwart bist du, aber auch Zukunft. Deine Zeit ist da, aber muss auch noch kommen.

Nicht stillstehen, nicht ins Hintertreffen geraten. Du selbst bleiben ist immer wieder du selbst *werden*.

Nichts in dir überschlagen. Auf jeder Seite, in jedem Satz bist du bedeutungsvoll. Das Kind, das du gewesen bist, das Mädchen, die junge Frau – ich lese und lese. Seiten voller Licht, voll sprühenden Lebens. Seiten, wie dunkel. Ich lese und lese und ich höre deinen Namen, ich sehe dein Gesicht; o du, ja dich, unverkennbar die Frau, die ich vom allerersten Anfang an Seite für Seite liebe.

Du selbst sein, unantastbar du selbst. In welcher Phase du dich auch befinden magst – ob es nun Frühling oder Sommer, Herbst oder Winter ist, deiner Identität treu bleiben.

Achte auf die Bäume. In jeder Jahreszeit genauso erkennbar, genauso auffindbar. In jeder Jahreszeit Baum unter allen Witterungsverhältnissen. Ihre Charakteristik steht haushoch fest.

Du selbst sein. Nur *einer* wie du. Wind und Wetter. Es kann dir allerhand passieren. Aber verliere nie deinen Namen, deinen wirklichen Namen. Verleugne nie dein Gesicht, dein wahres Gesicht. Immer wieder ans Licht kommen – so schön, so einzigartig, wie du bist.

Sie können dir so sehr helfen: Worte, die dich ständig begleiten. Worte, die deiner Freude, deiner Begeisterung Ausdruck verleihen. Worte, die deinen Schmerz, deinen Kummer, deine Verzweiflung zum Ausdruck bringen. Worte, in denen du dauerhaft wohnen kannst.

Wenn es um das Höchste, das Tiefste geht – wie viele Worte sind dann unzureichend, nichtssagend. Du bist mir nichts, dir nichts obdachlos.

Diese Worte – sie sind da. Worte, die sich verstärken und zur Poesie werden. Suche sie – diese fünf, diese zehn Gedichte. Höre, sie suchen *dich*. Lege sie fest, nimm sie mit. Ach, sie nehmen *dich* mit. Fünf, zehn. Genug, um niemals einsam zu sein.

Es ist zwar Vergangenheit. Aber tief in deiner Seele lebt das Kind, das du einst auf so beispiellose Weise gewesen bist, noch immer. Das Kind, das lacht und weint, unter Tränen lächelt. Das Kind, das hofft und träumt, eine Welt nach der andern entdeckt.

Halte mit diesem Kinde niemals scharfe Abrechnung. Nimm es ernst. Und du bist unerschütterlich. Du lässt dich von nichts und niemandem kleinkriegen.

Es gibt so viele Menschen um dich herum. Du grüßt sie, redest mit ihnen, machst mit ihnen einen kleinen Spaziergang. Es ist gut, dass sie da sind. Aber tief im Inneren vibriert bei dir nichts.

So viele Menschen. Aber letzten Endes brauchst du so sehr: Menschen, die dich innerlich auf entscheidende Weise berühren. Freunde. Freundinnen. Du kannst ohne sie nicht leben.

Menschen, bei denen du zu dir selber findest. Menschen, bei denen du dich heimisch fühlst. Menschen, die dich mit ihren Augen erquicken, dich mit ihrer Aufmerksamkeit laben, dich mit ihrer Anerkennung bewirten. Bei ihnen findest du eine endgültige Bleibe.

Alles Mögliche kann dich beschäftigen, völlig in Anspruch nehmen. Um nur ein Beispiel herauszugreifen: eine Stellung, die das Äußerste von dir fordert. Oder ein schwieriges Studium – und du *musst* diesen Lehrgang unbedingt zu einem bestimmten Zeitpunkt absolvieren.

Aber wie stark beschäftigt du auch sein magst, du wirst doch nach wie vor erreichbar sein müssen. Erreichbar für diejenigen, die einen dringenden Appell an dich richten. Ansprechbar, verfügbar für diejenigen, die nicht ohne dich auskommen.

Alles Mögliche kann dich in Anspruch nehmen. Aber du darfst dich selbst nicht verleugnen. Mensch, Mitmensch sein. Freund, Freundin. Geliebte(r). Wie voll dein Terminkalender auch sein mag, du musst Zeit haben. Wenn es sein muss: eine Ewigkeit. Wenn du keine Zeit mehr hast, hast du kein Leben mehr.

*N*icht alles, was du unternimmst, ist von bleibendem Wert. Vieles hat nur eine vorübergehende Bedeutung. Vieles verflüchtigt sich. Aber das, was du in Liebe tust – haftet im Gedächtnis, hat eine grenzenlose Zukunft. Es ist ein endgültiger Bestandteil der Wirklichkeit.

Freue dich darüber – über deine Zeiten der Liebe. Sie bilden zusammen deine Ewigkeit. Deine definitive Charakteristik.

Was dich als Menschen charakterisiert: die Tatsache, dass du die Hoffnung bis zum Äußersten wach halten kannst. Das ist deine Kraft, deine Grandeur. Bleibe dir selbst treu. Gib der Wirklichkeit, wie zwingend, wie lähmend sie auch sein mag, nie das letzte Wort. Dann kannst du nicht mehr mitreden. Dich mit den unabänderlichen Tatsachen abfinden – das ist unter deiner Würde. Lehne dich dagegen auf. Prachtvoll bist du dann. Maximal Mensch.

Schirm ihn nicht ab, verdränge ihn nicht – den Reichtum deiner Güte, deiner Zärtlichkeit, deiner warmen Menschlichkeit. Du kannst einen überaus glänzenden Eindruck machen. Dann bist du ein Mensch in voller Blüte.

Das, was dich in tiefster Seele kennzeichnet – verbirg es nicht, zeige es. Zu etwas sehr Heftigem, etwas sehr Entscheidendem bist du imstande. Ganz Liebe kannst du sein.

Das, was dich kennzeichnet; das, was deine größte Bedeutung ist – verbirg es nicht. Tue dir selbst, tue anderen Menschen kein Unrecht an. Entfalte dich. Zeige dein wahres Gesicht. Zeige dein Herz.

Bildnachweis:
Umschlag: Ch. Palma
Innenteil: S. 3: L. Reupert; S. 4: W. Rauch; S. 6, 8/9, 16: Ch. Palma; S. 11: A. Dietz; S. 13: J. Vogt; S. 14: G. Hartmann;
S. 18/19: U. Kröner/E. Geduldig; S. 21: Geiersperger/Dr. G. Wagner; S. 23: N. Reinhard/H. Reinhard; S. 24: W. Rauch;
S. 26: G. Hettler; S. 28/29: A. Albinger; S. 31: A. Will

Bibliografische Information Der Deutschen Bibliothek
Die Deutsche Bibliothek verzeichnet diese Publikation in der Deutschen
Nationalbibliografie; detaillierte bibliografische Daten sind im Internet
über http://dnb.ddb.de abrufbar.

ISBN 3-8256-4624-6
Bestell-Nr. 94624
© 2003 by SKV-EDITION, Lahr/Schwarzwald
Übersetzung aus dem Niederländischen: Francis Hijszeler
Gesamtherstellung: St.-Johannis-Druckerei, Lahr/Schwarzwald
Printed in Germany   108877/2003